AF339900

LÉOPOLD BROUILLET

ANCIEN RECEVEUR DES FINANCES

L'ÉPURATION

DU PERSONNEL

ET

LE CLÉRICALISME

MÉMOIRE AU SÉNAT ET A LA CHAMBRE DES DÉPUTÉS

PARIS

IMPRIMERIE DE ADOLPHE REIFF

9, PLACE DU COLLÈGE DE FRANCE, 9

1881

LÉOPOLD BROUILLET

ANCIEN RECEVEUR DES FINANCES

L'ÉPURATION

DU PERSONNEL

ET

LE CLÉRICALISME

MÉMOIRE AU SÉNAT ET A LA CHAMBRE DES DÉPUTÉS

PARIS

IMPRIMERIE DE ADOLPHE REIFF

9, PLACE DU COLLÉGE DE FRANCE, 9

1881

CHAPITRE PREMIER

L'Épuration du personnel.

---

§ 1. Est-ce la nomination aux emplois publics ou leur exploitation effrénée qui appartient au Gouvernement?

On ne saurait contester que la Constitution qui nous régit n'ait laissé au Gouvernement le privilège de nommer à la plupart des fonctions publiques.

Mais ce privilège doit-il être soumis, comme tous les autres pouvoirs du Gouvernement, aux règles générales de droit, de justice, d'honnèteté, d'intérêt public, qui sont la sauvegarde unique contre les abus les plus odieux et les plus corrupteurs du despotisme administratif?

Ou bien les Ministres possèdent-ils la libre et entière disposition des emplois publics :

Soit pour les exploiter, et en trafiquer à leur profit particulier ; pour y pousser leurs parents et amis ; pour se faire des créatures ;

Soit pour acheter les bons offices de certains membres du Parlement ; pour entretenir leur conformité de vues avec le Pouvoir ; pour maintenir ainsi, par un simple échange de bons procédés, la majorité au Gouvernement et le Ministère entre leurs mains ;

Soit pour préparer les élections prochaines et le succès des Sénateurs et des Députés de la majorité, remplaçant dans ce but tout fonctionnaire bon et loyal, quel qu'il soit, conformément aux exigences électorales et aux recom-

-mandations toujours triomphantes de ces Sénateurs et de ces Députés ; leur procurant de la sorte, pour leur réélection, des hommes à eux, des serviteurs tout dévoués ; mettant à leur discrétion le Service Public et les pouvoirs exceptionnels dont il dispose ?

Cette question s'impose naturellement d'elle-même, en raison des circonstances dans lesquelles se produisent, depuis quelque temps, des mouvements si nombreux et si extraordinaires dans le personnel de toutes les Administrations, particulièrement dans l'Administration des Finances, de laquelle seule je crois devoir m'occuper ici à ce point de vue.

§ 2. Comment une partie des contribuables se trouve vouée fatalement à la persécution.

Les fonctions ressortissant au Ministère des Finances, ne peuvent être rangées en aucune façon parmi les fonctions de l'ordre politique, et le service qui s'y rattache, se trouve être si étranger à la politique par sa nature, que, si l'on veut essayer de l'y inféoder en quoi que ce soit, il prend aussitôt un caractère aggressif, redoutable, odieux. Chargés, en effet, du recouvrement du revenu public, armés pour cela par la loi de moyens tout à fait exceptionnels de pression, d'intimidation, de contrainte, qu'ils peuvent détourner facilement de leur but, sans bruit, sans scandale, au profit d'une cause quelconque, les employés du Fisc sont dans la nécessité de se trouver dans des rapports très fréquents avec tous les contribuables, sans exception ni omission de parti. Si l'on veut faire d'eux des fonctionnaires politiques ; si leur emploi leur est donné, leur est conservé, à raison de leur opinion bien connue, de leur cocarde affichée, de leur ferveur politique, peut-on admettre un seul instant qu'ils n'useront pas du pouvoir mis entre leurs mains, au profit de leur cause, en faveur de l'opinion qui le leur a fait donner et qui leur sera devenue d'autant plus chère, qu'ils ne chercheront pas à agir, à peser tant qu'ils le pourront sur les contribuables, pour les attirer, pour les gagner à la candidature de cette opinion, dont le succès doit les maintenir en fonction? Peut-on admettre qu'ils sacrifieront, tous, chaque jour, sur l'autel du devoir, pour tenir la balance égale entre les partis, leurs sympathies, les passions politiques qui les auront si bien servis jusque-là, aussi bien que l'intérêt qu'ils ont à les faire prévaloir? Peut-on admettre, en un mot, que le pouvoir qui leur a été confié pour le Service Public, ne deviendra pas ainsi nécessairement une source inépuisable de condescendances, de faiblesses, de ménagements coupables, de privilèges, ou de rigueurs, de vexations (1), de menaces, de poursuites, de persécutions, en même temps qu'un moyen puissant d'attenter à la liberté des électeurs, et d'influencer dangereusement le suffrage universel?

§ 3. Le respect des positions justement acquises remplacé par la brutalité, la confiscation, le tripotage.

Quand on considère le bouleversement général qui s'est opéré, et qui se continue toujours dans le Ministère des Finances, en pleine tranquillité du pays, à plusieurs années de distance des dernières élections; quand on voit, d'un côté, la promotion aux premières places de personnes qui, non seulement ne connaissent pas le premier mot de leurs fonctions, mais qui négligeaient, de la manière la plus grave, de remplir le premier devoir que la loi impose à tout citoyen (2); ·

Quand on voit des avancements si brusques, si extraor-

---

(1) Ils peuvent adresser, en guise d'avertissement, des lettres qu'ils ont le moyen de rendre dures, blessantes, et la faculté de répéter souvent ; ils peuvent envoyer fréquemment des sommations sans frais et avec frais; recourir ensuite au commandement, à la saisie, à la vente. Il suffit, pour qu'un comptable ait le droit d'user de mesures vexatoires, de la moindre négligence de la part du contribuable, d'un oubli seulement d'un jour. Il arrive très souvent en outre que la majeure partie des contribuables n'ont pas le moyen de payer à échéance les charges écrasantes qui pèsent sur eux. Alors ceux-ci se trouvent tout à fait à la merci de l'employé du Fisc; ils sont sous sa dépendance entière.

(2) Voir chapitre II.

dinaires, si scandaleux, que ceux pour lesquels ils se sont produits en ont été les premiers stupéfiés, confondus ; ou bien, faits avec tant de légèreté et d'inconséquence, que des fonctionnaires ont été changés jusqu'à trois fois, en deux mois à peine, et que des disgrâces infligées d'abord ont été converties, huit jours après, en de brillants avancements (1).

Quand on voit, d'un autre côté, des révocations, des mises en disponibilité si nombreuses, de fonctionnaires ayant 10, 15, 20, 25, jusqu'à 29 ans et 10 mois de service, que deux mois séparaient à peine du temps requis pour avoir droit à une pension de retraite, et qu'on élimine, sans causes déterminées, sans explication aucune, par un coup d'autorité, par une simple mention de remplacement à l'*Officiel*, on se demande ce que tout cela signifie, et quels peuvent bien être les motifs de procédés si expéditifs et si brutaux, aussi bien que d'avancements si excessifs, si capricieux, si étranges (2).

Car, sans parler du préjudice grave que tous ces changements ne peuvent qu'occasionner à la marche régulière d'une bonne administration ; sans parler des abus honteux, des trafics criminels et pourtant si aisés, auxquels, dans ce temps où l'on fait affaire de tout, peut donner lieu la collation de tant de places si lucratives : il faut encore des motifs dans toute société civilisée, dans toute société qui n'est

---

(1) Je ne citerai qu'un exemple, celui du Trésorier Général des Deux-Sèvres qui, en moins de deux mois, à été l'objet de trois mutations : la première, avec disgrâce, dans le Cantal ; la seconde, équivalente, dans l'Ardèche ; la 3ᵉ enfin dans l'Orne, avec un avancement de treize mille francs. Que ne donnent pas à penser, je le demande, de pareils changements ?

(2) Je me contenterai ici de citer quelques nominations comprises dans les mouvements du 22 janvier et du 26 février 1880.

Dans le premier, MM. Pouy, conseiller municipal (l'ami du ministre M. Constans dans ses mauvais jours), a été nommé Trésorier-Payeur Général de la Charente avec 50,200 fr. d'émoluments ; Térouanne, conseillᵉʳ d'arrondissement, Trésorier des Hautes-Alpes, avec 28,600 fr. ; Couteau, maire d'Usson, Trésorier de la Vienne, avec 47,300 ; Combier, maire de Linon, Trésorier de la Drôme, avec 43,200 ; Champex, maire de Villeneuve, Trésorier de la Lozère, avec 28,900 ; Tollain-Desgouttes, maire, Trésorier de l'Indre, avec 41,700, Moreau, Trésorier de l'Yonne, avec 51,400 ; Agar, Trésorier du Lot, avec 34,200 fr.

Dans le mouvement du 26 février, MM. Maubert, adjoint à Arbois (Jura),

pas à l'état sauvage ou barbare; il faut des motifs sérieux pour enlever d'un trait de plume, à des fonctionnaires, une position acquise, où ils sont entrés péniblement, où ils ont avancé pas à pas, et qui était pour plusieurs leur seule et unique ressource; il faut des motifs sérieux pour les frapper dans l'honorabilité de longues années passées au service de l'Etat, pour les frapper tout à coup d'indignité; quand la vigueur de la vie a été déjà consacrée au service public; quand des infirmités, contractées souvent dans l'exercice des fonctions qu'on avait à remplir, sont déjà venues; quand il est trop tard pour recommencer une autre carrière; quand une famille nombreuse reste à nourrir, à élever.

Il faut des motifs sérieux pour confisquer d'un trait de plume à ces fonctionnaires, en les révoquant, les sommes importantes retenues pour pensions civiles, qu'une loi prévoyante, désireuse d'assurer un morceau de pain, dans leurs vieux ans, aux serviteurs de l'Etat, les a forcés à verser chaque année. Ces retenues exigées régulièrement forment comme un contrat tacite entre le Comptable et le Gouvernement : elles ne seraient qu'une véritable duperie de la part de ce dernier, s'il n'était sous-entendu que la fonction restera entre les mains du fonctionnaire tant qu'il pourra la remplir, ou qu'il n'aura pas démérité d'une ma-

---

a été nommé Receveur particulier à Semur avec 12,200 fr. d'émoluments ; Vincent, ancien adjoint à Dôle (Jura), a été nommé à Chateaubriant avec 11,100 ; Large-Provençal, adjoint, a été nommé à Châlon-sur-Saône avec 16,800 ; Tessandier, maire de Macau, a été nommé à St-Gaudens avec 14,200 ; Alizard, ancien garde général des forêts, a été nommé à Valognes avec 13,600.

Chabal, de Valleraugne avec 1600 francs d'émoluments, est passé à Uzès avec 12,200 ; Salmon, de St-Paul-de-Léon avec 3900, est passé à Redon avec 11,900 ; Catusse, d'Ourville avec 3100, est passé à Espalion avec 8800 ; Burgaud, de St-Benoist-du-Sault avec 5574, est passé à Bar-sur-Aube avec 11,900 ; Auray, de Vaubexy avec 4600, est passé à Neufchâteau avec 11,700 ; Ravenceau, du Mazè avec 5080, est passé à Baugé avec 11,700 ; Haye, de Broons avec 5648, est passé à Montreuil avec 12,800 ; — Bayle, de Saint-Pal, est passé à Tence ; Mailly, d'Avallon avec 9600, est passé à Paris (15e arrond.) avec 19,236 ; *Constans*, parent du Ministre, Receveur spécial à Montauban avec 4978, est passé à Moissac avec 11,200, etc., etc.

nière grave ; et la confiscation de ces retenues, dictée seulement par le bon plaisir ou par un intérêt purement particulier, serait la plus inique, la plus barbare des spoliations : elle ne pourrait être que le fait d'un Ministre brutal et sans conscience d'un Gouvernement aux abois, qui a besoin de valets pour le servir au lieu de fonctionnaires, et qui ne recule devant aucune lâcheté pour en recruter.

§ 4. M. Say et M. Magnin. A quoi ce dernier doit-il son élévation au Ministère ?

Mais, s'il existait des motifs sérieux de nature à nécessiter toutes les révocations qui viennent d'avoir lieu, comment se fait-il donc que ces motifs aient échappé à l'œil expérimenté de M. Say, durant sa gestion de plusieurs années du Ministère des Finances ? Comment se fait-il, au contraire que, parmi les fonctionnaires éliminés, il s'en trouve un grand nombre que M. Say venait de nommer, ou à qui il venait d'offrir de l'avancement qu'ils avaient refusé deux mois à peine avant leur destitution ? M. Say était-il moins compétent, moins sagace que M. Magnin, dont l'esprit subtil et ingénieux aurait su tout de suite découvrir sans aucune peine, sans la moindre expérience du Ministère et de ses employés, sans aucune consultation autorisée, des vices rédhibitoires, là où M. Say n'avait rien vu, ou n'avait vu que des motifs d'avancement ? Le caractère moral de M. Say, quoi qu'on en ait dit dans certaines feuilles publiques, n'offrait-il pas toutes les garanties que peut offrir, si l'on consulte les antécédents, celui de M. Wilson ? On ne peut nier en tous cas que M. Say n'ait joui de toute la confiance du parti républicain, puisque, après sa démission de Ministre, il a été nommé à l'Ambassade de Londres par le Gouvernement actuel, et que les Sénateurs républicains, ceux mêmes des fractions les plus avancées, l'ont porté de là à la Présidence du Sénat.

M. Say a dû se retirer, il est vrai, du Ministère des

Finances : mais il n'est personne qui ne sache que c'est pour n'avoir pas à se soumettre aux exigences des Sénateurs et des Députés de la majorité qui voulaient disposer des emplois financiérs de leurs circonscriptions, conformément à leurs vues ou à leurs intérêts électoraux ; et parce qu'il lui a répugné d'être l'exécuteur des basses œuvres opportunistes ; de faire cette vilaine besogne de servilité et de proscription tout à la fois, qu'on a faite après lui, qui était réclamée, même publiquement, dans les journaux officieux, par le parti Opportuniste, et qu'on a osé appeler, en se moquant du bon sens public, l'Epuration du personnel (1). Chacun sait encore qu'à la suite de la démission de M. Say, bien que la place de Ministre des Finances exige de longues études préparatoires et des connaissances toutes spéciales, presque techniques, qui sont devenues de nos jours de plus en plus rares, on n'a eu aucune peine à trouver le titulaire nouveau, et qu'à la première proposition qui lui a été faite, M. Magnin s'est empressé d'accepter le Ministère, ne reculant pas, lui, devant la besogne qui avait fait fuir M. Say, mais qui était si bien rétribuée ; et se trouvant du reste parfaitement à la hauteur du rôle principal du nouveau Ministre, qui devait être de déplacer et de placer, de frapper et de se soumettre, de se montrer tour à tour brutal et docile. Le mérite et l'aptitude, ont pu ainsi ne pas être la raison du choix, et le mot de Figaro n'est-il pas toujours vrai : *Il fallait un calculateur, ce fut un danseur qui l'obtint.* On a confié la gestion des Finances de l'Etat à un Sénateur, rédacteur ou directeur d'un journal qu'on ne lit plus, et on a nommé Sous-Secrétaire d'Etat des Finances un homme que sa conduite avait fait pourvoir, il y a à peine quelques années, d'un conseil judiciaire. Ne venait-on pas, du reste, pour le même motif, de donner deux jours auparavant le Ministère

____

(1) L'Epuration du personnel qu'est-elle autre chose, d'après ce qui se pratique tous les jours, que **la mise à la disposition des Sénateurs et des Députés de la majorité, des fonctions publiques de leur circonscription ?**

des Affaires étrangères à un ingénieur? (1) Aussi, on peut le dire en passant, les nouveaux chefs des deux Ministères ont rivalisé de zèle pour faire des révocations.

§ 5. Exécutions sommaires comme on n'en voit pas chez les Turcs.

Quoi qu'il en soit, à peine installés au pouvoir, MM. Magnin et Wilson se sont empressés de faire acte de vigueur, de prépotence administrative, et ils ont opéré dans le Ministère des Finances des razzias de fonctionnaires, comme il n'avait pas été donné d'en voir jusque-là. Ils ont abordé leur besogne d'un cœur léger, et ne se sont inquiétés nullement de motiver, de justifier en quoi que ce soit des mesures si graves, si violentes que les révocations ou les mises en disponibilité (2). Ces justifications les ont préoccupés si peu, qu'au lieu de frapper en détail, ils ont fait des exécutions générales, presque par centaines, avec la plus grande précipitation; sans enquête, sans allégation d'aucun grief, sans explication aucune avec les comptables sacrifiés, sans l'avis préalable, je le sais, à l'insu même, des juges naturels, des Directeurs compétents du Ministère; sans entendre personne autre que les Sénateurs et les Députés de la majorité, dont les influences sont toujours prépondérantes, et sans autre forme de procès que l'insertion dans le *Journal Officiel* du remplacement des fonctionnaires destitués.

§ 6. Comment le pire Gouvernement peut se créer une majorité. Le secret de l'influence des nullités.

Mais de ce que MM. Magnin et Wilson n'ont pu produire

---

(1) Je ne parle pas d'un troisième Ministre chargé du portefeuille de l'Intérieur, qui était, quelque temps auparavant, l'industriel que l'on sait, à Barcelone.

(2) La révocation et la mise en disponibilité sont, suivant les besoins de l'Opportunisme, deux choses équivalentes. Ainsi M. Rérolle, qui avait été révoqué le 26 février 1880 d'une place de Receveur particulier, vient d'être renommé à Lannion, avec la mention qu'il avait été mis en disponibilité.

aucune justification, aucun motif avouable à leurs révocations si nombreuses, il ne faut pas en conclure cependant,
et ce serait se tromper étrangement que de croire que ces
exécutions brutales aient été faites sans motifs, et qu'il n'y
avait pas derrière elles une raison majeure ; une raison
qu'il serait puéril de nier et que tout le monde devine ; une
raison intéressée, exclusivement personnelle au parti qui
tient le pouvoir, et qu'on n'ose mettre en avant parce
qu'elle est honteuse. Cette raison explique tout ce qui
se fait depuis quelque temps, et rien ne s'explique sans
elle.

Elle explique l'élévation si surprenante de MM. Magnin
et Wilson au Ministère des Finances ;

Elle explique toutes les allées et venues, dans le Ministère, des Sénateurs et des Députés opportunistes ; leurs
conciliabules entre eux, leurs agissements continuels auprès de M. Magnin, l'encombrement journalier, l'obsession
perpétuelle du cabinet du Ministre, particulièrement à
l'époque des grands mouvements du personnel, par les
membres de la Majorité parlementaire, pareils à des vau-
tours dans les moments d'orage ;

Elle explique pourquoi quatre ou cinq cents membres de
nos Assemblées délibérantes semblent devenus comme autant de membres du Pouvoir exécutif ;

Elle explique leur influence sans limites auprès des
Ministres, influence qui n'est accordée ni au mérite, ni à
l'intégrité ou à l'indépendance du caractère, ni au zèle
pour les intérêts du peuple ; mais uniquement au zèle pour
les intérêts du pouvoir, à un accord parfait avec lui sur
tous les votes importants ;

Elle explique pourquoi des Sénateurs, des Députés, dont
tout le monde apprécie le talent, la droiture, les hautes
lumières ; qui ont rendu des services signalés, ont fait de
véritables sacrifices à la cause du peuple et des libertés
publiques, ne jouissent, en remplissant leur mission avec
honneur, d'aucune influence auprès des Ministres ;

Elle explique pourquoi, au contraire, tel autre Député à
peu près illettré, dont la mission semble se résumer à voter

et à solliciter, qu'on a tiré, pour citer un exemple, à l'âge de soixante ans, d'une fabrique de faux où il avait passé sa vie, et qui a été poussé de l'atelier à la députation, comme une réclame, par la maison de commerce qui l'emploie ;

Ou pourquoi tel autre Sénateur qui n'a de remarquable qu'un nom historique, et un appétit vorace bien connu dans tout le Velay ;

Se trouvent tous les deux, par cela seul qu'ils sont membres de la Majorité, et que leurs votes semblent se fondre dans la même opinion que le Gouvernement, tout-puissants auprès des Ministres, comme participants de leur pouvoir exécutif; et deviennent ainsi, dans leurs circonscriptions, pareils à de véritables proconsuls, les uniques distributeurs de toutes les faveurs, de toutes les disgrâces.

§ 7. Comment on se maintient en place aujourd'hui.

Cette raison explique seule le maintien et l'avancement sous la République, jusque dans les premiers emplois du Ministère des Finances, de certains fonctionnaires qui avaient occupé sous l'Empire de hautes positions toutes de faveur et de confiance, mais qui ont bien et dûment prouvé la souplesse de leur échine ; dont on sait parfaitement que les principes, la conscience, le caractère capituleront toujours devant l'intérêt d'être placés ; et qui, pour de forts appointements, non seulement ne seront jamais en reste, à l'égard des Sénateurs et Députés de la majorité, Préfets et Sous-Préfets, d'obséquiosités, de bassesses, de ménagements coupables s'il en faut, de dévouement, d'enthousiasme même ; mais qui consentiront encore avec le plus servile empressement à devenir les agents, les valets politiques de tout Gouvernement quel qu'il soit.

§ 8. Ce qu'il en coûte de réclamer à un Sous-Préfet le paiement de ses contributions.

Elle explique pourquoi tel autre fonctionnaire (celui qui écrit ces lignes), qui a lutté pendant dix ans sous l'Empire pour soutenir son droit ; qui a vu ses plaintes étouffées, ses mémoires aux autorités saisis ; qui a porté sans relâche ses réclamations partout, devant le Corps législatif, devant le Sénat à plusieurs reprises, douze fois devant les Tribunaux ; qui a vu se déchaîner contre lui les journaux officieux et l'*Officiel* lui-même ; qui a été défendu par des chefs ou des notoriétés de l'opposition d'alors, MM. Ernest Picard, Jules Favre, Audoy, André Rousselle, Camescasse (1), etc.; à qui l'Empire, devant cette revendication infatigable du droit, n'avait pas refusé justice, lui donnant une Recette particulière à titre de dédommagement, au lieu d'une indemnité pécuniaire qu'il réclamait ;

Elle explique, dis-je, pourquoi M. Magnin n'a pas hésité à frapper ce fonctionnaire et s'est obstiné à ne lui tenir aucun compte :

Ni de ses luttes soutenues sous le dernier régime pour la cause du droit, et qui auraient dû, ce semble, intéresser tout Ministre républicain ;

Ni de la demande de sa réintégration qui lui a été adressée par le Ministre des Affaires étrangères, à la suite d'un rapport favorable du Directeur du Contentieux de ce même Ministère ;

Ni de l'intervention pressante et répétée en sa faveur d'un autre fonctionnaire des plus importants de la République, le mieux placé pour connaître les droits du comptable ;

Ni de la honte qui ne peut que rejaillir sur la République à se montrer inique, là où l'Empire avait fini par être juste ;

---

(1) Aujourd'hui Directeur au Ministère de l'Intérieur.

à ressasser, à reprendre pour son compte un arrêté tyrannique et odieux d'expulsion qui subsiste toujours, que l'Empire avait pu prendre mais qu'il avait eu l'honnêteté de réparer; à faire revivre, à prolonger une longue série d'injustices et de persécutions; à arracher bravement une indemnité indiscutable, reconnue par les plus hauts fonctionnaires du Gouvernement, et achetée par l'exil, par dix ans de labeurs et de souffrances;

Ni enfin de l'impossibilité d'anéantir le droit, d'étouffer les justes réclamations d'un homme dont les revendications d'il y a douze ans vont recommencer plus implacables que jamais, et qui a su les faire valoir contre plus fort qu'un Ministre de circonstance, dont la capacité est loin d'égaler la suffisance;

Cette raison explique pourquoi il a pu suffire au Comptable dont il vient d'être question, pour être mis en disponibilité, soit de ne pas croire au-dessus des lois le Député ou le Sous-Préfet de son arrondissement, et d'avoir osé réclamer à ce dernier le paiement de ses contributions; soit d'entretenir de simples relations de bon voisinage avec un futur candidat républicain, autre que le Député actuel Opportuniste, et d'avoir été recommandé par lui.

<h3 style="text-align:center">§ 9. M. Magnin dévoilant lui-même le motif des révocations qu'il a faites.</h3>

Cette raison, M. Magnin, dans une audience qu'il m'a accordée, a fini par me l'avouer crûment, lorsqu'après lui avoir dit que je ne croyais pas qu'un fonctionnaire de son Ministère dût s'engager dans la mêlée des partis, dans la campagne électorale, il m'a répondu : « *Vous vous condamnez vous-même en disant cela* »;

Cette raison elle ressort de la manière la plus évidente d'une lettre ministérielle adressée à un Député et qui a été mise entre mes mains;

§ 10. L'Opportunisme et une vraie et pure République.

Cette raison, pour la faire connaître d'un seul mot, c'est la raison ou la question Politique. Mais, qu'on ne s'y trompe pas, la question Politique, ce n'est nullement la question Républicaine: *c'est la question Ministérielle; c'est la question Electorale, la question de la réélection des Députés de la Majorité*; c'est la question du maintien au pouvoir de la Secte qui le possède, et qui a tiré son nom de l'opportunisme, système byzantin, qui est à un bon Gouvernement, à une vraie et pure République, ce que l'intérêt personnel, le mépris de toutes choses pour garder le pouvoir sont au zèle et au dévouement pour la cause et les intérêts du peuple; ce que l'arbitraire, la taquinerie et la prépotence administrative sont à la justice et au respect de la légalité et du droit; ce que la tyrannie est à la liberté; ce que les moyens sont aux principes; ce que l'opportun est à l'honnête; ce que la girouette est à la boussole; ce que l'impulsion et l'instinct sont à la raison et à la conscience.

§ 11. Peuple de fonctionnaires, peuple de laquais! (P.-L. Courier.

M. Magnin a déclaré publiquement à la Chambre, le 10 juillet dernier : « qu'il ne suffit pas que les fonctionnaires des Finances ne crient pas « à bas la République », il faut encore qu'ils **servent** le Gouvernement **qui les paie** » (1).

Ne croirait-on pas, devant ce langage qui pourrait convenir à un despote, mais qui n'est qu'outrecuidant dans la bouche de M. Magnin, que le Gouvernement paie les fonctionnaires de ses propres deniers et pour son propre compte, ainsi qu'une maison de commerce paie ses em-

---

(1) M. Magnin s'adressant aux Trésoriers Généraux, le 20 février 1880, leur écrivait en ces termes : « Rien dans vos actes ni dans votre langage ne doit accuser l'indifférence. Le Gouvernement de la République a la ferme volonté d'exiger des Trésoriers Généraux le même zèle et le même dévouement qu'il attend également de tous ses **serviteurs**. »

ployés, en me servant de la comparaison peu flatteuse
faite par le même M. Magnin ? Comme si le Service Public ne devait être compté pour rien, et n'était pas la
raison d'être des fonctionnaires ; comme si ceux-ci n'é-
taient pas payés de l'argent des contribuables, des res-
sources du revenu public ; comme si M. Magnin lui-même,
le premier fonctionnaire des finances, il est vrai, mais un
fonctionnaire de circonstance, n'était pas, lui aussi,
rétribué des deniers du public, à seule fin de le
servir, de servir le pays, le pays tout entier, qui
le paie grassement (1) pour cela, uniquement pour
cela, et non pour être l'instrument, l'exécuteur des
basses œuvres d'un parti égoïste et bâtard qui démoralise
la République, et qui, sous prétexte de faire de l'opportunisme, fausse, pervertit tous les rapports qui doivent exis-
ter entre les comptables et le public, et voue inévitablement à la persécution un grand nombre de contribuables.

Mais que semble importer tout cela à M. Magnin? Que
semblent lui importer et les abus, et les vexations, les persécutions contre les contribuables ses ennemis politiques,
quand il ressort de son système que les autres contribuables,
ses amis, seront ménagés? Que semble lui importer que les
fonctions publiques soient ainsi, en raison du motif seul qui
les a fait donner, inévitablement, nécessairement détournées
de leur but, et que le pouvoir soit adultéré, quand le Gouvernement doit y trouver son compte, son intérêt? Plus
des fonctionnaires peuvent avoir d'influence, plus il est
opportun pour M. Magnin de se faire servir par eux.

---

(1) *Le Figaro* disait, le 30 août dernier : « M. Magnin, absent depuis
un mois et demi, n'a pas laissé d'intérimaire. M. Wilson est à Blois. Le
Directeur du personnel, M. Boutin, qui, depuis le premier janvier, a été
nommé Chef de Bureau, Sous-Directeur et décoré, est en congé. Le Directeur de la Comptabilité publique est en congé. Enfin, à qui doit-on s'adresser
quand on a affaire au Ministère des Finances ? »

Loin de tenir compte de cette réclamation publique, M. Magnin s'est ab-
senté peu après pour aller passer huit jours à Mont-sous-Vaudrey, huit
jours en Suisse, etc.

§ 12. Système organisé de corruption.— Les républicains de 1790 et les républicains de 1880.

Quand on voit le Gouvernement de la République entrer dans un pareil système politique ;

Quand on le voit destituer brutalemeut le fonctionnaire qui a le sentiment du devoir et de la dignité ; qui se croit au service public, et non au service d'une personnalité quelconque ; qui ne veut pas abuser de ses fonctions et qui respecte la liberté électorale ; qu'on le voit confisquer à ce fonctionnaire, de la manière la plus inique et la plus perfide, les sommes qu'il a versées pour le service des pensions civiles ;

Quand on le voit se préoccuper uniquement, dans les révocations et les remplacements, de donner satisfaction aux exigences électorales, aux intérêts purement personnels des Sénateurs, des Députés de la majorité ;

Quand on le voit sacrifier ainsi tout fonctionnaire, pour acheter l'indépendance, les votes, la conscience des hommes chargés des intérêts publics, des Représentants du peuple, qui, en retour de leurs bons offices, sont assurés de trouver, dans leurs circonscriptions, des fonctionnaires leurs créatures, tout naturellement disposés à les servir plutôt que le public, et à abuser pour leur réélection des pouvoirs exceptionnels qu'ils ont entre les mains ; de telle sorte qu'il suffit ainsi d'un échange de bons procédés pour maintenir le pouvoir dans les mêmes mains : **Si le Député a les votes, le Ministre a les places ; si l'Électeur a la liberté, le Député a le Fonctionnaire de qui dépend l'Électeur.**

Comme si des pratiques si corruptrices pouvaient être le fait d'un Gouvernement digne de la France ! Qu'en auraient donc pensé ceux dont les Ministres se disent être les continuateurs ? Entendait-on ainsi en 1790 les devoirs du Gouvernement et ceux des Députés ? Un décret du 26 janvier 1790, rendu constitutionnel le 7 avril 1791, portait que les Députés à l'Assemblée nationale, non seulement ne pourraient être nommés au Ministère ou à un autre emploi que deux ans après avoir laissé la députation, mais qu'ils ne pourraient encore *solliciter pour d'autres aucune place ou faveur* du Gouvernement, qu'après le même laps de temps ;

Quand on voit le Gouvernement prendre lui-même de la sorte l'initiative de la corruption du suffrage universel, base de notre droit public, et qu'il serait de son premier devoir de moraliser ;

Quand on le voit pousser l'audace de cette corruption bien au delà de ce que le pire Gouvernement avait osé faire jusqu'ici ; qu'on le voit inféoder à la politique le service des Finances, en ne voulant dans ce service, ainsi que le Ministre l'a déclaré le 10 juillet, que des hommes qui aient déjà fait étalage de leur opinion républicaine, et qui aient à cœur avant tout de servir le Gouvernement qui les paie ; qu'on le voit ainsi inaugurer effrontément, au moyen des charges déjà si écrasantes, qui pèsent sur tout contribuable, sans distinction de parti, un système nouveau de ménagements et de privilèges, d'intimidation et de contrainte, à l'usage du Député de la majorité ;

Quand on le voit chercher en outre à donner le change, et se faire louer et célébrer, par la tourbe des journaux officieux, pour ce qu'ils ont l'insolence d'appeler l'épuration du personnel : lorsque la corruption est toutentière, à cet égard, dans les agissements du Gouvernement, qui enlève au fonctionnaire toute dignité, toute indépendance ; qui introduit dans les services publics l'abaissement, la servilité ; qui vend lui-même le pouvoir et les fonctions à ceux dont il dépend et qu'il veut corrompre, pour acheter le droit de vivre ;

Quand on le voit s'efforcer d'étouffer tout sens moral en lui même, pour n'avoir d'autre instinct, d'autre sens que celui de l'opportunisme, et n'appéter ainsi, comme les bêtes, qu'aux choses dont sa conservation dépend ;

Quand on le voit, dans son fiévreux désir de triompher, de l'emporter dans les élections, et de raccrocher par là de nouveau le pouvoir, sacrifier sans pudeur les hommes et les choses, les Fonctionnaires et les Principes, le Droit, la Justice, l'Honnêteté, l'Honneur, fondements divins et éternels de toute civilisation, de toute société, comme de tout pouvoir : on est confondu à l'aspect de ces turpitudes inouïes, à l'aspect de si lâches prévarications.

CHAPITRE DEUXIÈME

Sous-préfets & Receveurs particuliers du nouveau Régime. Jusqu'où ils poussent l'opportunisme.

On lisait dans un journal il y a quelques jours :

« Il circule depuis quelque temps à Yssingeaux des bruits fâcheux qui nous semblent de nature à déconsidérer l'Administration, et à détourner les contribuables de payer régulièrement l'impôt.

« On dit que M. Ferdinand Collomp, Sous-Préfet d'Yssingeaux, n'a voulu payer quoi que ce soit sur ses impositions de l'exercice 1878, avant le 6 Mars 1879 (ainsi que le constate le n° 302 du journal à souche), qu'il n'a voulu payer également quoi que ce soit sur ses impositions de l'exercice 1879, avant le 26 Janvier 1880, (n° 216 du journal à souche), et qu'à cette dernière date il n'a payé qu'une partie de ce qu'il devait sur l'exercice 1879.

« On dit en outre que le Receveur particulier Percepteur n'aurait négligé, pour lui faire acquiter régulièrement ses contributions, ni lettres particulières, ni sommations sans frais envoyées le 30 juin 1878 et le 6 juillet 1879), ni démarches personnelles, faites pour ôter tout prétexte à M. Collomp, le jour même où il touchait ses mandats de traitement à la Recette, notamment la dernière, à la date du 3 novembre 1879, en présence de son commis.

« Loin de se rendre à ces insistances, M. Collomp en aurait su très mauvais gré, et n'aurait plus voulu avoir d'autres rapports que des rapports de service avec le Receveur particulier Percepteur, M. Brouillet, qui a été mis en disponibilité le 26 février dernier, au grand étonnement de tout le pays, où l'on s'était demandé, jusqu'à ce jour, quelle était l'opinion politique de ce Comptable, qui ne s'occupait que de son service et de sa famille.

« On ne peut se défendre d'un sentiment pénible en présence de ces faits. Sans parler de ce qu'il y a de révoltant à voir un Percepteur frappé pour avoir voulu faire son devoir, on se demande comment un Sous-Préfet qui représente le Gouvernement ; qui est logé princièrement dans un hôtel départemental, payé largement sur les contributions publiques, plus largement qu'aucun Sous-Préfet ne l'a été à Yssingeaux, puisque M. Collomp a été élevé sur place à la deuxième classe, au détriment des deniers publics ; on se demande comment ce fonctionnaire, à qui son devoir est rappelé journellement par les poursuites contre les contribuables retardataires, que, seul, il rend exécutoires dans l'Arrondissement; et sur l'autorisation duquel un vieillard, une veuve malade, qui n'ont qu'un champ ou une maisonnette, sont poursuivis, et auxquels on arrache leur dernière obole, pour leur faire payer deux ou trois mois de retard sur contributions : on se demande, dis-je, comment ce fonctionnaire a pu s'obstiner, jusqu'à treize mois, à ne rien payer sur sa légère part contributive, et à n'acquitter ses impositions que quand il lui a plu de les acquitter, en 1879 pour 1878, en 1880 pour 1879.

« Il y a deux charges imposées dans la société à chaque citoyen : le service militaire et l'impôt. Que la nature, en laissant quelqu'un petit et difforme, le dispense ainsi du service militaire, il n'y a rien à redire devant cette infirmité. Mais une infirmité, M. Collomp ne peut l'ignorer, pas plus qu'une fonction publique, ne saurait dispenser de payer régulièrement l'impôt. Au contraire, quand on est au pou-

voir, on a de plus que les autres le devoir de donner l'exemple : quand on est chargé de faire exécuter une loi, on est
d'autant plus coupable qu'on ne l'exécute pas soi-même. Et,
sur une question si grave que celle de l'impôt, qui, depuis
quelques années, pèse si lourdement sur les particuliers, il
nous semble (à moins qu'on ne prétende que ceux qui sont
au pouvoir n'ont qu'à jouir des droits du vainqueur et à se
soutenir en frères et amis) que l'exemple donné par le Sous-
Préfet d'Yssingeaux ne peut demeurer impuni devant un
Gouvernement qui a le moindre souci de son honneur, de
sa dignité.

« Cela paraît d'autant plus indispensable, que la conduite
de M. Collomp semble être à cet égard la manière d'agir
de plusieurs Sous-Préfets du nouveau régime, et
qu'Yssingeaux peut se vanter (bien qu'il ne soit affligé
que d'un Sous Préfet opportuniste) de pouvoir fournir
deux exemples à ce sujet.

« M. Seguy-Villevaleix, successeur de M. Brouillet, a été
transporté de la sous-préfecture de La Palisse à la Recette
particulière d'Yssingeaux. Or, M. Villevaleix n'a acquitté
les impôts comme Sous-Préfet de La Palisse, pour l'année
1879, *que le 16 avril 1880.* Ces impôts se montent à fr.
17,12 pour l'article 658 du rôle général, à fr. 12,72 pour
l'article 600 du rôle spécial, et ont été payés sous le n° 736
des journaux à souche 1880. Celui qui écrit ces lignes a en
mains la preuve irrécusable de ce qu'il avance.

« Que dira M. Magnin de la manière dont ses subordonnés
accomplissent ce qu'il appelle, dans sa circulaire du
10 février dernier, le premier des devoirs civiques ? Quel
effet déplorable doivent produire sur les contribuables des faits si scandaleux ? Que peuvent-ils penser de
leurs nouveaux Administrateurs, de ceux qui ont été mis
à la tête de l'Arrondissement pour faire exécuter des lois,
qu'ils ont commencé par fouler aux pieds eux-mêmes ? Et si
le Gouvernement tolère, soutient, s'approprie de pareils
abus, en maintenant, pour le représenter, ceux qui les ont
commis, peut-il attribuer à d'autres qu'à lui-même l'exci-
tation à sa haine et à son mépris ? »

Les faits relatés ci-dessus sont de la plus exacte vérité. M. Collomp, Sous-Préfet d'Yssingeaux, a trouvé fort mauvais que je veuille le forcer à payer ses impositions, et il a fait, à la suite de diverses réclamations que je lui ai adressées â ce sujet, une dénonciation contre moi, qui a été mise sous mes yeux, pour justifier ma mise en disponibilité, par M. Magnin lui-même, dans une audience qu'il m'a accordée.

CHAPITRE TROISIÈME

Une audience de M. Magnin

Le 30 mars 1880, M. Magnin m'a fait l'honneur de m'accorder une audience, à la suite de laquelle je lui ai écrit ce qui suit :

« Monsieur le Ministre,

« Je ne puis, à l'occasion de l'audience que vous m'avez accordée ce matin, m'empêcher de protester par écrit, après l'avoir fait de vive voix :

« 1° Contre les allégations d'une lettre que vous m'avez lue, et dans laquelle je suis accusé d'être ou de paraître hostile à la République. J'ai eu l'honneur de vous répondre : 1° Que rien dans mes écrits et dans ma conduite ne justifiait ces allégations qui, du reste, étaient vagues, n'énonçaient aucun fait précis auquel je puisse répondre (je défie qui que ce soit d'en articuler un seul), et qui émanaient d'un homme auquel j'avais eu le malheur de déplaire, pour lui avoir réclamé le montant de ses contributions, à différentes reprises, de vive voix, par écrit, par l'intermédiaire de ses commis, M. Collomp, Sous-Préfet d'Yssingeaux. Ce fonctionnaire n'a voulu, malgré toutes mes réclamations, payer quoi que ce soit sur ses contributions de l'exercice 1879 que le 24 janvier 1880, et, à cette époque, il n'en a payé qu'une partie. Le même fait s'est reproduit en 1879 pour l'exercice 1878, comme le prouvent les journaux à souche ; 2° que j'étais en possession de deux lettres qui émanaient de MM. Baury, Député de Saint-Yrieix où j'ai résidé environ quatre ans, et de Lagrevol,

Conseiller général, candidat républicain à la députation, résidant à Yssingeaux, concurrent de M. Binachon, en faveur duquel il s'est désisté, certifiant toutes les deux que j'ai été toujours parfaitement correct dans ma conduite politique, à Yssingeaux comme à Saint-Yrieix ;

« 2° Au sujet de la réponse que vous m'avez faite, quand j'ai dit, au cours de la conversation, que je ne m'étais jamais occupé activement de politique, vous avez repris aussitôt : « *Vous vous condamnez vous-même en disant cela.* »

« Permettez-moi de vous exposer que j'ai suivi, en ne m'occupant pas de politique, les instructions du Ministre qui vous a précédé, et que j'étais loin de m'attendre à ce que l'obéissance aux prescriptions de mes chefs pût entraîner ma mise en disponibilité, ou y être pour quelque chose. Loin de vouloir me frapper de cette mesure, M. Say écrivait, dans la dernière moitié de l'année 1879, à plusieurs Sénateurs et Députés, qu'il saisirait la première occasion favorable pour me donner de l'avancement.

« M. Th. Dupont, Député, a eu l'honneur de vous écrire, il y a trois jours, en ces termes : « Au mois de juillet 1879, « j'eus l'honneur de recommander M. Brouillet, Receveur « des finances à Yssingeaux. Il me fut répondu qu'il en « serait tenu compte à l'avantage de M. Brouillet. Celui-ci « a été purement et simplement remplacé par arrêté du « 26 février. Il en ignore et j'en ignore comme lui les mo- « tifs, etc., etc. »

« J'ajouterai que M. Pallain m'a offert, *le 16 décembre 1879, une perception à Marseille ou au Hâvre, que j'ai refusée deux mois et demi avant ma mise en disponibilité.*

« Agréez, etc., »

Je ne peux me dispenser de joindre ici quelques autres détails sur mon entrevue avec M. Magnin. Si un Député, se plaignant de lui devant la Chambre le 10 juillet dernier, a pu lui dire : « Dans l'intérêt même de ceux qui administrent un pays comme le nôtre, il faut qu'ils sachent rester courtois, et qu'ils n'oublient jamais que, vis-à-vis de leurs concitoyens, ils ont des devoirs à remplir et des convenances à observer»; — peut-on croire que ce reproche ne s'appliquait qu'à un cas particulier? Ou bien d'autres personnes peuvent-elles avoir encore à se plaindre de M. Magnin à ce sujet? Je laisse à l'appréciation de chacun ce qui va suivre.

M. le Ministre m'ayant dit d'abord qu'il ne pouvait pas prendre l'engagement de me replacer, je le priai de vouloir bien considérer : que la place de Receveur particulier m'avait été obtenue par le Ministère des Affaires étrangères à titre de dédommagement ; que c'était une indemnité incontestable, acquise après dix ans de luttes ; que M. le Comte de Saint-Vallier, Ambassadeur à Berlin, le lui avait attesté, dans deux lettres qu'il lui avait écrites à mon sujet ; que M. de Freycinet, après avoir demandé un rapport à la direction du Contentieux de son Ministère (rapport qui avait été favorable), sur une réclamation que je lui avais adressée au sujet de ma mise en disponibilité, m'avait fait connaître qu'il avait transmis ma réclamation à M. le Ministre des Finances, en le priant d'en faire l'objet d'un examen bienveillant.

— Je suis le maître dans mon Ministère, me répondit alors M. Magnin, et personne n'a rien à y voir que moi.

— Vous me mettez alors, Monsieur le Ministre, dans la pénible nécessité de recourir encore à votre collègue des Affaires Étrangères.

— Vous oubliez que vous dépendez seulement de moi, que je suis votre chef !

— Mais en me destituant, Monsieur le Ministre, n'avez-vous pas renoncé vous-même à être mon chef, et suis-je autre chose qu'un simple citoyen ?

— Eh bien ! tant que je serai là vous resterez citoyen (*Sic*).

— Si cela est ainsi, je n'ai qu'à me retirer. J'ai l'honneur, Monsieur le Ministre, de vous saluer.

— Et moi aussi (*Sic*).

CHAPITRE QUATRIÈME

Le Cléricalisme et l'Opportunisme

***

Je ne dois pas passer sous silence un dernier détail de mon entrevue avec M. Magnin. Le Ministre, ne m'ayant lu que ce qui avait trait contre moi à la politique, dans la dénonciation faite par le Sous-Préfet d'Yssingeaux, comme je savais d'une manière certaine que j'étais accusé de cléricalisme dans la même dénonciation, je priai M. Magnin de me donner lecture de la teneur entière de ce document. Le Ministre *se refusa formellement* à le faire.

Le fait de ma part, d'aller régulièrement à la messe le dimanche avec ma famille, avait choqué considérablement, paraît-il, les autorités d'Yssingeaux, notamment le Sous-Préfet et le Maire, qui, eux, depuis l'avènement du nouveau Ministère, ne paraissaient plus à l'église comme auparavant, si ce n'est dans les circonstances officielles ; comme cela se pratique du reste aujourd'hui en France, dans la plupart des petites localités, et même dans les préfectures (1).

***

(1) On cite au Puy l'exemple d'un haut fonctionnaire qui ne manquait *jamais* d'aller tous les dimanches à la grand'messe à la cathédrale. Depuis le 29 décembre 1879, ce fonctionnaire, non seulement ne paraît plus à la grand'messe, mais ne va plus du tout à la messe, ou se cache si bien pour y aller, que le public est persuadé qu'il n'y va plus du tout.

Les fonctionnaires en vue ne peuvent plus aller à la messe, sous peine de passer pour des cléricaux, et le Cléricalisme est, aux yeux de nos Ministres, le crime le plus impardonnable, celui contre lequel ils se complaisent le plus à sévir, en ayant soin de cacher toutefois le motif qui les fait frapper.

Ce que M. Magnin n'eut pas le courage de me faire connaître, moi, je n'aurai pas la lâcheté de le cacher, et de ne pas affirmer mes convictions et mes croyances:

Si c'est être clérical, de croire qu'il y a dans la nature et dans cet ordre providentiel qui y règne, aussi visible, aussi admirable dans la structure du plus chétif des êtres vivants, que dans les lois qui régissent si ponctuellement les mondes innombrables, disséminés dans les espaces immenses, une main supérieure à celle de l'homme;

Si c'est être clérical, de croire que cette horloge sublime et si merveilleuse de l'univers, qui marche si régulièrement depuis tant de siècles, a un horloger;

Si c'est être clérical, d'adorer Celui qui fait luire chaque jour sur nous son soleil qui distribue avec mesure la lumière et la chaleur, et fait croître le pain quotidien;

Si c'est être clérical, de croire, que l'homme, doué de raison et de conscience, a des devoirs à remplir envers ses semblables, comme envers Dieu, l'ordonnateur suprême, qui ne peut, sans cesser d'être Lui-même, rester indifférent à l'impiété et au crime;

Si c'est être clérical, de croire, au milieu des incertitudes, des anxiétés, des impuissances mille fois éprouvées de la raison humaine; au milieu des systèmes, des variations et des contradictions de la philosophie; au milieu des égarements sans fin, des oppressions sans nombre et de toute nature de l'humanité, en Celui dont les enseignements ont apparu et restent toujours dans l'humanité comme la *seule* lumière, et qui a tracé dans sa vie et dans sa doctrine l'idéal de la perfection humaine;

Si c'est être clérical, de croire, en Celui qui, enseignant que tous les hommes, enfants d'un même père ont les mêmes devoirs et les mêmes destinées à accomplir, a apporté à la terre la fraternité, l'égalité, la liberté; qui, menaçant le riche et l'oppresseur, a ouvert devant le pauvre, au milieu des peines de l'expiation et de l'épreuve, les perspectives éternelles; et, en attendant que l'avenir se lève pour lui, afin de mieux secourir toute indigence, toute infirmité, qui prend comme fait à Lui-même ce qu'on fait au moindre de ses frères;

Si c'est être clérical, de croire en Celui qui, mort comme un criminel sur une croix, tient l'humanité civilisée prosternée devant lui depuis dix-huit siècles, et contre lequel tous les assauts réunis du temps, des Gouvernements persécuteurs, des philosophes, de l'orgueil et du génie humain, de toutes les passions révoltées, se sont brisés en vain mille et mille fois; laissant ainsi, par l'inanité de tant de stériles efforts dix-huit fois séculaires, la preuve irrécusable que le Christ et son Évangile à côté du quel aucune croyance, aucune morale ne peut s'élever et subsister, ont en eux un principe divin, contre lequel toutes les attaques doivent tomber émoussées et se trouvent d'avance frappées d'impuissance;

Si c'est être clérical, de croire en Celui dont les paroles, Esprit et Vie, peuvent seules, au milieu du matérialisme abject, de l'absence de tout sens moral, de la soif unique des plaisirs et de l'or qui caractérisent notre époque, enfanter chaque jour l'héroïsme de toutes les vertus, l'héroïsme du devoir, de la charité, de la chasteté, du désintéressement et du sacrifice;

Si c'est être clérical, de reconnaître que la dernière justice, comme la dernière espérance pour l'homme, *n'est pas la tombe*; et de croire en Celui qui est la victoire dans la mort, la résurrection et la vie; de croire que Jésus-Christ est Dieu, et d'aller à la messe — je suis clérical.

Qu'il y ait répulsion entre le Christianisme et l'Opportunisme, cela ce conçoit sans aucune peine.

Le Christianisme, c'est le devoir avant tout; c'est le respect profond du droit de chacun; c'est l'obéissance à Dieu plutôt qu'aux hommes; c'est la soumission, sans exclusiou d'aucun régime politique, aux puissances établies, respectant elles-mêmes tous les droits ; c'est l'amour et le dévouement sans bornes envers ses semblables ; c'est, en faisant pénétrer dans la vie sociale son enseignement si fraternel, si désintéressé, si saintement démocratique, si bien en harmonie, en dépit de fâcheux malentendus, avec l'esprit des temps nouveaux, la véritable solution du problème social, l'amélioration et le soulagement des classes souffrantes, la richesse et la misère vaincues avec leurs vices dans la mesure du possible ; c'est notre nature domptée, perfectionnée, détachée de la terre, pour le royaume éternel de Dieu ; c'est la vie de l'âme au-dessus de celle des sens, à l'imitation du Christ, dont on a dit qu'il avait passé dans le monde comme une âme sans corps.

L'Opportunisme, c'est l'égoïsme et l'intérêt privé se substituant dans le Gouvernement à l'intérêt public ; c'est l'appétit effréné du pouvoir, aux seules fins de l'exploiter et d'accaparer ; c'est une âpreté particulière pour la curée, pour la jouissance, pour la bonne chère ; c'est la recherche du fin cuisinier: c'est Vitellius à Ville-d'Avray ; c'est une horde maîtresse de la France, usant de tout, abusant de tout, et conduite par un chef occulte, de sang étranger, serviteur lui-même des sociétés secrètes ; c'est une brutale insouciance pour les classes laborieuses et pauvres, jusqu'aux approches du scrutin, quand on a besoin d'elles ; c'est un système machiavélique, génois, auquel rien ne répugne pour arriver à son but ; qui a toutes les audaces et toutes les faiblesses, toutes les tyrannies et toutes les corruptions ; c'est la lâcheté devant les intransigeants, la prouesse devant les moines ; c'est la perturbation jetée dans le pays et la guerre à la religion, avec laquelle l'Opportunisme tient à cœur de se rendre incompatible ; c'est le pire ennemi de la République, qu'il conduit aux excès qui l'ont déjà perdue deux fois, et qu'il semble avoir pris à tâche de rendre un objet de mépris et d'animadversion pour tout homme intelligent et honnête, à qui les dénominations gouvernementales ne suffisent pas; qui croit que gouverner, ce n'est pas corrompre, persécuter, violer les droits et les

libertés dont on a la garde, avilir les fonctionnaires et
asservir les consciences.

Que la plupart des fonctionnaires se soumettent, s'ils le
veulent, à tout ce qu'on peut exiger d'eux. Qu'ils emboîtent
le pas servilement, et se rallient avec discipline derrière
le ministre le plus autoritaire, le plus tyrannique, leur
transmettant impérieusement le mot d'ordre, leur enjoignant
de servir le gouvernement *qui les paie*, et cela, non pas seulement en remplissant leurs devoirs professionnels ; en réglant
toutes leurs démarches, toutes leurs paroles, même en de-
hors du service, conformément aux vues et aux intérêts du
pouvoir ; en s'abstenant avec le plus grand soin de toute
espèce de rélations avec tous ceux qui ne regarderaient pas
un gouvernement oppressif et corrupteur comme le modèle
des gouvernements; en mettant le service public à la dévotion
des sénateurs et des députés de la majorité : mais encore
en suivant le gouvernement jusque dans ses tendances et
ses pratiques antireligieuses; en pensant et en agissant
là-dessus comme les pouvoirs dirigeants; en leur sacrifiant
les droits les plus sacrés, la liberté, la dignité de la conscience humaine.

Paul-Louis Courier a dit quelque part : « Le premier de
tous les talents pour un fonctionnaire consiste à faire
des courbettes. »

Quant à moi, je ne courberai jamais ma conscience devant
un Ministre ou un gouvernement quel qu'il soit, et j'entends
être libre de professer ma croyance et d'aller à la messe.
Le droit de pratiquer la religion catholique, culte légale-
ment reconnu, qui est celui de la majorité des Français,
n'existerait-il plus en France ? La première, la plus pré-
cieuse, la plus intime, la plus respectable des libertés publiques, la liberté de conscience, ne pourrait-elle plus
s'exercer, sous la République, pour une catégorie de ci-
toyens ?

Mais quel droit ose donc s'arroger le pouvoir public, qui
n'est institué que pour régir les choses humaines, de s'im-
miscer dans les rapports de l'homme avec Dieu ? Quelle
présomption à lui de vouloir s'imposer à la conscience,

sanctuaire intime, impénétrable, où l'homme est seul maître et souverain, où je peux défier toutes les violences, toutes les ruses de la bande opportuniste, et où j'adorerai toujours Dieu, si la persécution ouverte osait fermer ses temples, et empêcher de lui rendre l'hommage public qui lui est dû?

Si nous n'en sommes encore qu'à la persécution qui se cache, qui s'exerce contre les religieux ou contre les fonctionnaires mis dans l'alternative de choisir entre leur place et l'apostasie, cette persécution n'en est pas moins odieuse, elle est peut-être plus honteuse. C'est pour cela que je m'élève contre elle, et que je ne cesserai, pour mon compte, de soutenir les droits de la conscience humaine, en protestant toujours et par tous les moyens contre la mesure qui m'a frappé, et qui a été causée, du moins en partie, par la raison que j'allais à la messe.

CHAPITRE CINQUIÈME

Un comptable dénoncé et révoqué pour avoir voulu faire payer l'impôt à un Sous-Préfet. — Quelques mots sur ma gestion de Receveur particulier.

M. Baury, Député républicain de l'Arrondissement de Saint-Yrieix, est intervenu à plusieurs reprises auprès de M. Magnin, pour lui demander ma réintégration. Cet honorable député m'a connu de 1873 à 1877, pendant quatre ans que j'ai passés à Saint Yrieix comme Receveur particulier ; M. Baury, qui m'a fait l'honneur de m'écrire après les entrevues qu'il a eues avec le Ministre à mon sujet, me dit dans une de ses lettres :

« L'imputation qu'on essaie de faire peser sur vous me paraît d'autant plus calomnieuse que vous avez toujours été **correct dans vos fonctions et dans votre vie politique.** » Signé « Baury. »

M. de Lagrevol, Conseiller général de la Haute-Loire et avocat à Yssingeaux, qui, aux dernières élections, était candidat républicain à la Députation, en concurrence avec M. Binachon, en faveur duquel il s'est désisté ensuite, après avoir eu, à Yssingeaux même, cinq fois plus de voix que lui, a écrit à ce député, peu avant ma destitution, la lettre suivante qui lui a été romise par M. Jourdan :

« Mon cher Monsieur Binachon,

« Je recommande à vos bons soins et à votre protection Monsieur Brouillet, Receveur à Yssingeaux.

« On lui a dit que sa position est enviée. Cependant c'est un homme qui ne fait pas de politique et qui est victime de l'Empire. Si vous pouvez le servir en cas de déplacement, et lui obtenir plus que l'équivalent, vous ferez dans ma conviction un acte de justice. Les agents des Finances ne doivent pas faire de politique, et Monsieur Brouillet n'en a pas fait.

« Croyez, mon cher ami, à mes sentiments les plus affectueux ; à bientôt, probablement à lundi.. A vous de tout mon cœur. »   Signé ⚓ Joseph DE LAGREVOL. »

M. Binachon, que je vis moi même, quelque temps après que cette lettre lui eut été remise, me proposa d'engager M. E. de Lafayette, Sénateur de la Haute-Loire et son ami, à passer pour moi au Ministère. Il ajouta que M. E. de Lafayette avait un talent particulier pour solliciter, qu'il savait imposer sa volonté dans les Ministères, que peu auparavant il n'avait pas hésité à dire au Directeur du Personnel du Ministère des Finances qui lui résistait : « Si vous ne faites pas ce que nous voulons, nous saurons vous faire partir de là. » (1)

Je portai moi-même une lettre de M. Binachon à M. de Lafayette, qui me répondit, après l'avoir lue, qu'il s'entendrait avec le député d'Yssingeaux.

Mais sur ces entrefaites, M. Binachon dut partir pour le Pont-Salomon, sa résidence. Il se rendit de là à Yssingeaux, et y descendit à la Sous-Préfecture.

C'est quelque temps auparavant que j'avais réclamé au Sous-Préfet d'Yssingeaux ses impositions, et lui avais fait observer qu'il ne donnait pas là-dessus le bon exemple aux contribuables. M. Collomp avait paru froissé, et en me reconduisant, m'avait dit : Ne vous étonnez pas si quelque chose de nouveau vous arrive.

D'un autre côté, vers cette même époque, pour un motif que j'ignore, les rapports, entre M. de Lagrevol d'un côté, et MM. Binachon et Collomp de l'autre, s'étaient tout à fait refroidis.

Le 26 février 1880, à la suite d'une dénonciation émanant du Sous-Préfet d'Yssingeaux, remise par M. Binachon

---

(1) Une tierce personne assistait à cet entretien, qui eut lieu dans la salle d'attente de la Chambre des Députés.

à M. Magnin, et appuyée par M. de Lafayette, j'étais mis en disponibilité.

J'avais appris, dès le 24 février, que j'allais être frappé dans ma position, et j'étais parti aussitôt pour Paris. Le 27 février, je rencontrai dans le Cabinet du Ministre M. E. de Lafayette, accompagné du Président de.. (1). Je lui dis en le saluant : « Monsieur de Lafayette je vous remercie. » Il me répondit : « C'est bien fait, parce que vous avez été nommé sous l'Empire. » (2) Je ne répéterai pas ici aujourd'hui ce que je crus devoir lui répondre. (3)

Bien que le Ministre des Finances, dans l'audience qu'il m'a donnée, n'ait allégué, au sujet de ma mise en disponibilité, que la raison politique, je tiens néanmoins à dire un mot sur la manière dont j'ai rempli mes obligations professionnelles. J'y tiens d'autant plus qu'un haut fonctionnaire qui a fait connaître à M. Magnin que je n'accepterais pas stoïquement l'injustice qui m'a frappé, en a obtenu cette réponse que le Ministre saurait trouver le moyen de se justifier, et de m'ôter, à moi comme à tout autre fonctionnaire destitué, l'envie de me plaindre de lui. M. Magnin

———————

(1) J'étais accompagné moi-même de M. Jourdan.

(2) J'ai été Receveur particulier sous cinq Trésoriers Généraux, dont deux ont été mis à la retraite. Des trois autres, l'un, M. Imhaus, ancien Directeur de la Presse sous M. de Persigny, est actuellement Trésorier Général à Marseille, avec 140.600 francs d'émoluments, et a été décoré cette année par M. Magnin; le deuxième est M. de la Guéronnière, que son nom suffit pour faire connaître ; le troisième est M. Saillard, nommé Trésorier Général par M. Caillaux, et dont le père était sous l'Empire Trésorier Général à Versailles, le beau-frère préfet ou adjudant du Palais des Tuilleries, et un autre parent, le fameux M. Saillard, émule de M. Delesvaux, président de la Chambre des appels de police correctionnelle qu'on appelait la Chambre des confirmations. Ces trois fonctionnaires sont devenus, d'après ce qu'on m'a assuré, des amis particuliers de M. Magnin, et le dernier est Trésorier au Puy, et l'ami de M. de Lafayette.

(3) Je ne dois pas passer sous silence un fait de nature à prouver l'entente et la solidarité des Députés de la Majorité. — Ayant eu l'occasion de voir M. Mas, député de l'arrondissement de Millau, d'où je suis originaire, je lui parlai de ma révocation. Il me répondit : Je verrai M. Magnin à votre sujet, mais je ne dois pas vous cacher que je demanderai d'abord à M. Binachon, s'il ne s'oppose à ce que j'intervienne en votre faveur.

a donné, certes, la mesure de ce dont il peut être capable, en faisant des révocations presque par centaines, dans un personnel qu'il ne pouvait connaître, puisqu'il n'était pas encore Ministre depuis deux mois. Mais à Dieu ne plaise que je doive pour cela fuir devant le devoir, et abandonner à la pâture de l'Opportunisme ce que l'homme a de plus cher et de plus sacré !

J'affirmerai seulement ici quelques faits qu'il est facile de constater.

Pendant les treize ans que j'ai été Receveur particulier, aucune mesure disciplinaire n'a été prise contre moi, et jamais le moindre déficit n'a été constaté dans la Caisse publique qui m'était confiée.

J'ai été éliminé du service des Finances le 26 février 1880, avec une centaine d'autres receveurs particuliers, et la dernière vérification ou inspection de ma comptabilité avait eu lieu cinq mois auparavant.

J'ai géré à la fois pendant près de sept ans la Recette particulière et la Perception de ville. Celle-ci m'a été retirée le 20 novembre 1879, en même temps qu'aux autres Receveurs particuliers qui en étaient chargés. Or, la Perception de ville seule donne à peu près autant de travail que la Recette particulière. Mais si j'ai pu pendant sept ans gérer la Recette particulière et la Perception de ville ensemble, d'une manière au moins tolérable, puisque j'ai été toléré, pourrait-on dire maintenant que je ne serais plus à même de gérer la Recette particulière seule ?

Du reste, j'ai pu obtenir de la Direction générale de la Comptabilité publique un état de recouvrement des contributions directes dans le département de la Haute-Vienne pour le temps où j'ai été Receveur particulier à St-Yrieix. Cet état constate que l'arrondissement que j'avais à gérer, bien qu'il fût le plus pauvre et le plus difficile, a toujours été, sous ma gestion, le premier du département. Si je ne fournis pas ce tableau pour la durée de mon service dans la Haute-Loire, c'est que je n'ai pu l'obtenir du Ministère, mais je crois pouvoir affirmer qu'il serait à mon avantage, comme celui que je vais reproduire :

Ministère
des Finances

Direction générale
de la Comptabilité
publique

Bureau
de la Perception
des Contributions
Directes, etc.

« **Situation du Recouvrement des Contributions Directes dans le département de la Haute Vienne, aux époques ci-après :**

Arrondissement	Situation du recouvrement				Frais de poursuites au	
	31 Déc. 1874	31 Déc. 1875	30 Juin 1875	30 Juin 1876	31 Déc. 1875	30 Juin 1876
Limoges	11d.52	11d.60	5d.54	5d.53	1 f. 83	0 f. 76
Bellac	11 62	11 66	6 84	6 70	0 67	0 25
Rochechouart	11 53	11 61	5 53	5 50	0 95	0 24
Saint Yrieix	11 64	11 69	6 94	7 10	1 56	0 09

Pour copie conforme : Le chef de bureau,
(Signé) LAMBERT. »

CHAPITRE SIXIÈME

Mes griefs contre l'Ambassade de France à Constantinople. — Le Ministre des Affaires étrangères demande pour moi une Recette particulière.

Après avoir été victime, à Constantinople, d'odieuses avanies, de préjudices très graves, et du déni le plus flagrant de protection et de justice, j'exposai mes griefs à l'Empereur Napoléon III dans un Mémoire intitulé « *La Justice turque et la Protection française à Constantinople.* » A la suite de la publication de ce Mémoire, la police turque voulut m'arrêter clandestinement. Mais je pus lui échapper, et me rendre à Athènes. De là, j'écrivis à l'Ambassadeur de France, M. le marquis de Moustier, pour me plaindre des Turcs, et pour lui déclarer qu'au cas où, à raison de la publication de ma brochure, quelqu'un aurait à recourir contre moi à des moyens légaux, je m'engageais à comparaître devant les tribunaux compétents.

En réponse à cette lettre, M. Bourée, Ministre de France en Grèce, me fit lire la pièce suivante par le Chancelier de la Légation, de la part de M. le marquis de Moustier :

« Je reçois d'Athènes, en date du 26 juin, de M. Brouil-
» let, une lettre à laquelle il n'a pas craint de joindre,
» comme si je ne le connaissais pas, le libelle même qui
» a motivé en partie la mesure décrétée contre lui. Cette

» lettre et cet envoi sont une aggravation considérable des
» torts de M. Brouillet, et ne pourraient que me confirmer
» dans mes premières résolutions. Je vous serai donc obli-
» gé, Monsieur le Ministre, de faire mander M. Brouillet
» par-devant votre Chancelier, qui lui déclarera officielle-
» ment que, s'il met les pieds à Constantinople, il y sera
» arrêté, embarqué et reconduit en France, par application
» de l'article 82 de l'édit de juin 1778. (1) »

Quelque temps après cette déclaration qu'il m'avait fait faire M. Bourée, ministre de France à Athènes, refusa de me délivrer un passeport pour Constantinople.

Le 17 mai 1867, le Ministre des Affaires étrangères me refusa également à Paris un passeport pour Constantinople.

Je ne veux pas rapporter ici les longues et pénibles luttes que j'eus à soutenir pour la revendication de mon droit. Je n'exposerai pas non plus tous mes griefs contre l'Ambassade de France à Constantinople. Ces griefs se trouvent relatés dans le Mémoire dont j'ai parlé plus haut, et ont été publiés, en partie du moins, dans un grand nombre de journaux, notamment *l'Époque*, *la France*, *la Gazette de France*, *la Liberté*, *le Monde*, *l'Opinion Nationale*, *le Pays*, *la Presse*, *le Siècle*, *l'Union*, etc., etc. Il me suffira d'en donner ici un résumé fait le 11 février 1865 dans le journal *le Temps*, sous la signature de M. A. Audoy, actuellement Trésorier-Payeur Général. Ces griefs portent principalement :

1° Sur ce que l'Ambassade, après avoir récusé d'abord un Tribunal suspecté avec raison (2), m'a ensuite imposé la décision de ce même tribunal et déclaré qu'elle ne m'assis-

---

(1) Cette pièce me fut alors dictée sur ma demande, mais la copie légalisée m'en a toujours été refusée.

(2) « M. Battus (c'est le nom du drogman chargé de m'assister), *qui suspectait avec raison la décision du medjlis* (tribunal) *de la police, l'a récusé par précaution.* » Ainsi s'exprimait le Chargé d'affaires de France, M. de Lallemand, dans une réponse à une lettre de recommandation d'une dame grecque, grâce à laquelle j'avais obtenu à l'Ambassade une audience que j'avais sollicitée en vain *treize* fois moi-même.

terait devant le Tribunal d'appel que pour obtenir l'homologation de ce jugement (1) ;

2° Sur ce que l'Ambassade m'a laissé juger sans que je fusse ni entendu ni appelé ; sur ce que le drogman a omis de produire douze pièces sur dix-sept, et parmi celles-là une attestation de médecins qui n'a jamais été retrouvée depuis (2) ;

3° Sur ce que je n'ai pu obtenir justice à raison des violences dont j'ai été l'objet de la part du Consul-Chancelier ;

---

(1) La requête que j'avais adressée à l'Ambassade pour revendiquer le droit, la garantie de l'appel accordés chez toutes les nations policées, même en Turquie, droit que je ne pouvais exercer dans ce pays, aux termes des Capitulations, qu'assisté d'un drogman de l'Ambassade, me fut renvoyée avec le décret suivant en marge : « M. Rouet (le Consul-Chancelier) est invité à rendre à M. Brouillet *son papier*, en lui disant que je ne reçois pas de requête sur une affaire que je regarde comme convenablement terminée. *Ce n'est que dans le cas où le Grand-Conseil* (Tribunal d'appel) *refuserait d'homologuer le jugement du Tribunal de police que l'Ambassade aurait à s'occuper encore de cette affaire, mais seulement pour demander l'exécution du jugement.*» Signé « A. de Lallemand » (Chargé d'Affaires de France).

(2) « Le présent certificat a été délivré à M. Brouillet pour lui tenir lieu « d'un certificat de même nature *joint à une requête adressée par lui à l'Am-* « *bassade et qui n'a pu être retrouvé.*—L'Ambassadeur de France à Constanti- « nople,» Signé«Thouvenel.»Ces paroles se trouvent placées au-dessous d'un certificat ainsi conçu, délivré en 2e expédition, après le jugement du Tribunal Turc, par les médecins qui m'avaient donné leurs soins: « Nous déclarons que « M. Brouillet fut soigné par nous à cause des coups et blessures qu'il avait « reçus le 10 du mois d'octobre. Nous constatâmes de nombreuses meur- « trissures sur sa personne et nous le vîmes cracher du sang à plusieurs « reprises. Le traitement a dû être long et la faiblesse des organes respira- « toires qui en résulta le mit pendant longtemps dans l'impossibilité de « vaquer à ses occupations, qui nécessitent l'usage fréquent de la parole. » » Signé « Zennaro, Vice-Président de la Société Impériale de médecine de « Constantinople. — Castaldi, chirurgien. » Le Tribunal Turc qui a con- damné ceux qui m'avaient frappé à me payer 100 francs « comme *indemnité de la redingote et du chapeau*», et qui ne m'a accordé aucune réparation pour le préjudice causé à ma santé, ne dit pas un seul mot dans sa décision du certificat des médecins, qui n'a pas été produit devant lui par l'Ambassade, qui n'a pu être retrouvé !

Les trois pièces dont il est question dans les trois renvois précédents et signées de Lallemand et Thouvenel, ont été légalisées par le Ministère des Affaires étrangères.

Par suite du préjudice causé à ma santé et de mon expulsion de Cons- tantinople, j'ai perdu une place qui me rapportait dans cette ville au moins quinze mille francs par an.

4° Sur ce qu'au lieu d'être cité devant les Tribunaux compétents, s'il y avait lieu, j'ai été expulsé de Constantinople, à la suite de la publication d'une brochure, en vertu d'un édit de Juin 1778, qu'on avait déclaré, en 1836, au Corps législatif, n'être nullement applicable aux délits de presse, ainsi que le constate le *Moniteur Officiel* du 15 mars 1836;

5° Sur ce qu'on m'a toujours obstinément refusé la copie légalisée du décret d'expulsion, contre lequel je suis ainsi tenu dans l'impossibilité de me pourvoir régulièrement.

Après dix ans de luttes, de publications et de procès, le Ministre des Affaires étrangères, M. le marquis de Moustier, *celui-là même* qui m'avait expulsé de Constantinople, demanda pour moi une Recette particulière.

Peu après, une lettre signée du chef du Cabinet de l'Empereur m'informa que « sur la proposition du Ministre des Affaires étrangères, l'Empereur avait saisi le Ministre des Finances de ma candidature à une Recette particulière. »

Je fus nommé Receveur des Finances par décret en date du 20 octobre 1868, et j'en fus informé tout d'abord par une lettre partie du cabinet du Ministre des Affaires étrangères et signée par M. Ducros-Aubert, alors Sous-Chef du Cabinet, et actuellement Ministre de France à Bucharest.

M. le comte de Saint-Vailier, qui était à cette époque Chef du cabinet de M. de Moustier, me fit l'honneur de m'écrire peu après ma nomination une lettre dans laquelle il me dit :

« Je suis heureux de pouvoir me dire que j'ai pu contribuer pour ma petite part **à vous faire obtenir justice et à vous assurer une situation qui est un équitable dédommagement** de tous les tracas et de tous les chagrins que vous avez éprouvés. »

CHAPITRE SEPTIÈME.

Deux lettres de M. le comte de Saint-Vallier, ambassadeur en Allemagne, à M. Magnin.—Intervention du Ministre des Affaires étrangères.—Il n'y a point de droit contre le droit.

Ambassade de France en Allemagne

Berlin, le 19 février 1880

Mon cher Ministre,

Permettez-moi de faire appel à vos bons sentiments de collègue pour recommander à votre bienveillance Monsieur Brouillet, Receveur des finances à Yssingeaux (Haute-Loire). M. Brouillet est marié, père de trois enfants, sans aucune fortune ; sa famille et lui méritent de l'intérêt, et je vous serai reconnaissant de ce que vous voudrez bien faire en sa faveur.

J'ajouterai que l'admission de M. Brouillet dans le service de finances a été obtenue en 1867 par nos démarches réunies à M. Jules Favre et à moi, en dédommagement d'un déni de justice qu'il avait eu à subir du fait de certaines autorités de l'Empire.

Croyez, je vous prie, mon cher Ministre et Collègue, à mes sentiments d'ancien et sincère dévouement.

L'Ambassadeur à Berlin, Sénateur

R. de St-Vallier.

Ambassade de France en Allemagne

Berlin, le 9 mars 1880

Monsieur le Ministre et cher collègue,

Le 19 février, j'ai eu l'honneur d'appeler votre bienveillance sur M. Léopold Brouillet, Receveur particulier à Yssingeaux, et je vous ai fait connaître dans ma lettre, que, nommé sur la demande de M. Jules Favre et la mienne, ce Comptable ne pouvait être accusé de vues hostiles au Gouvernement. J'ignore si ma lettre vous est parvenue trop tard pour empêcher l'effet de rapports défavorables à M. Brouillet, mais j'ai su depuis qu'il avait été mis en disponibilité, et j'en ai éprouvé un vif regret, la mesure n'étant pas, je crois, justifiée par l'attitude ou la conduite de M. Brouillet.

J'apprends aujourd'hui que des Députés du département où il a résidé au cours de sa carrière, font des démarches afin d'obtenir sa réintégration. C'est un devoir d'équité pour moi de me joindre à eux et d'appuyer auprès de vous leurs efforts en faveur de M. Brouillet. Je serais heureux que ma recommandation pût contribuer à lui faire rendre un emploi.

Agréez, Monsieur le Ministre et cher collègue, les assurances de ma haute considération.

L'Ambassadeur de France, Sénateur de l'Aisne
Saint-Vallier.

Le 26 février, le jour même de ma mise en disponibilité, j'avais eu l'honneur d'écrire à ce sujet à M. le Ministre des Affaires étrangères. N'obtenant pas de réponse, je demandai la faveur d'une audience. La lettre suivante me fut alors répondue :

Ministère des affaires étrangères
Cabinet

Paris, le 18 mars 1880.

Monsieur, M. le Président du Conseil me charge de vous faire savoir que, en raison de ses nombreuses occupations, il ne peut vous recevoir en ce moment, ainsi que vous en aviez exprimé le désir.

Il vous prie de vouloir bien vous adresser à *M. le Directeur du Contentieux* du Ministère des Affaires étrangères, qui ne manquera pas de lui transmettre vos observations.

Recevez, Monsieur, l'assurance de ma parfaite considération.

P. RABEL.

A Monsieur Léopold Brouillet.

Après cette lettre, j'eus l'honneur de voir M. le Directeur du Contentieux, qui me fit savoir que le Ministère avait renvoyé à M. Magnin ma plainte au Ministre, avec tout le dossier de mes réclamations sous l'Empire, en y joignant une lettre signée par le Ministre lui-même, me recommandant à la bienveillance de son collègue.

L'honorable M. Baury me communiqua vers cette époque la lettre qui suit :

Ministère des affaires étrangères
CABINET

Paris, le 26 mars 1880.

" Monsieur et cher collègue, vous avez bien voulu, par votre lettre du 9 mars, appeler mon attention sur la situation de M. Brouillet, Receveur particulier à Issingeaux, qui vient d'être mis en disponibilité.

J'ignore quelles sont les raisons qui ont pu motiver la décision de M. le Ministre des Finances, mais, en présence de la recommandation dont M. Brouillet est l'objet de votre part et d'une situation de chef de famille qui semble intéressante, je m'empresse de signaler sa demande à mon collègue en le priant d'en faire l'objet d'un examen bienveillant.

Agréez, Monsieur et cher collègue, les assurances de ma haute considération .

DE FREYCINET.

A Monsieur Baury, député.

En m'enlevant ma place de Receveur particulier, M. Magnin m'a remis dans la situation où je me trouvais il y a treize ans. Il existe seulement, de plus qu'alors, un fait incontestable, c'est la reconnaissance de mon droit à une indemnité. Cette indemnité que l'Empire ne m'avait accordée qu'après dix ans de luttes, un Ministre de la République a cru pouvoir, d'un trait de plume, me la retrancher.

Mais si M. Magnin a pu m'enlever une place, son pouvoir et ses agissements contre moi ne m'enlèveront pas le droit, le droit reconnu, le droit auquel l'Empire n'avait pu refuser satisfaction, que ma destitution a fait revivre tout entier, qu'il est particulièrement odieux de la part de ce régime d'attaquer et de contester, qui ne peut pas ne pas être le droit, parce que nous sommes sous la République, et que je ne cesserai de revendiquer sous tout gouvernement quel qu'il soit.

FIN

TABLE DES MATIÈRES

FIN DE LA TABLE DES MATIÈRES.

Paris. — Imprimerie A. REIFF, 9, pl; du Collége de France, 9

www.ingramcontent.com/pod-product-compliance
Lightning Source LLC
Chambersburg PA
CBHW061625060726
47597CB00005B/1806